Impressum
Verlag: BABADADA GmbH, Nedderfeld 112 , 22529 Hamburg
Geschäftsführer / Verlagsleitung: Harald Hof
Druck: Books on Demand GmbH, In de Tarpen 42, 22848 Norderstedt

Imprint
Publisher: BABADADA GmbH, Nedderfeld 112 , 22529 Hamburg, Germany
Managing Director / Publishing direction: Harald Hof
Print: Books on Demand GmbH, In de Tarpen 42, 22848 Norderstedt, Germany

shkolla
mokykla

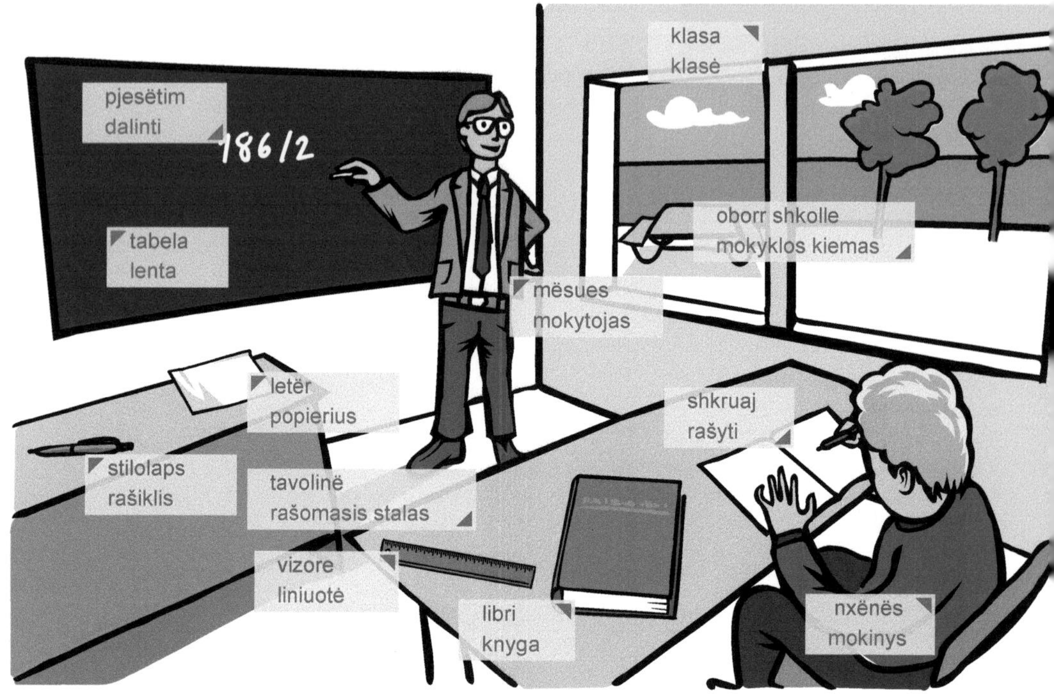

klasa
klasė
pjesëtim
dalinti
186/2
tabela
lenta
oborr shkolle
mokyklos kiemas
mësues
mokytojas
letër
popierius
shkruaj
rašyti
stilolaps
rašiklis
tavolinë
rašomasis stalas
vizore
liniuotė
libri
knyga
nxënës
mokinys

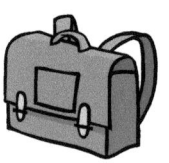

çantë

kuprinė

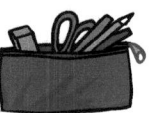

mbajtëse lapsash

penalas

laps

pieštukas

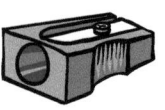

mprehës lapsash

drožtukas

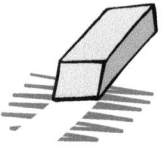

gomë

trintukas

fletore vizatimi

piešimo bloknotas

vizatim

piešinys

penel

teptukas

kuti bojërash

dažų dėžutė

gërshërë

žirklės

ngjitës

klijai

fletore detyrash

vadovėlis

detyrë shtëpie

namų darbai

12

numër

numeris

2+2

mbledh

pridėti

5-2

zbres

atimti

2×2

shumëzoj

dauginti

llogaris

skaičiuoti

A

gërmë

raidė

ABCDEFG
HIJKLMN
OPQRSTU
VWXYZ

alfabeti

abėcėlė

fjalë

žodis

tekst
tekstas

lexoj
skaityti

shkumës
kreida

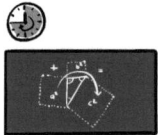

mësim
pamoka

regjistër
dienynas

provim
egzaminas

çertifikatë
pažymėjimas

uniformë shkolle
mokyklinė uniforma

arsimim
išsilavinimas

enciklopedia
enciklopedija

universitet
universitetas

mikroskop
mikroskopas

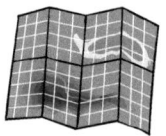

hartë
žemėlapis

kosh letrash
šiukšliadėžė

hotel
viešbutis

bujtinë
svečių namai

ROOMS

pikë këmbimi valutor
valiutos keitykla

EXCHANGE

valixhe
lagaminas

makinë
mašina

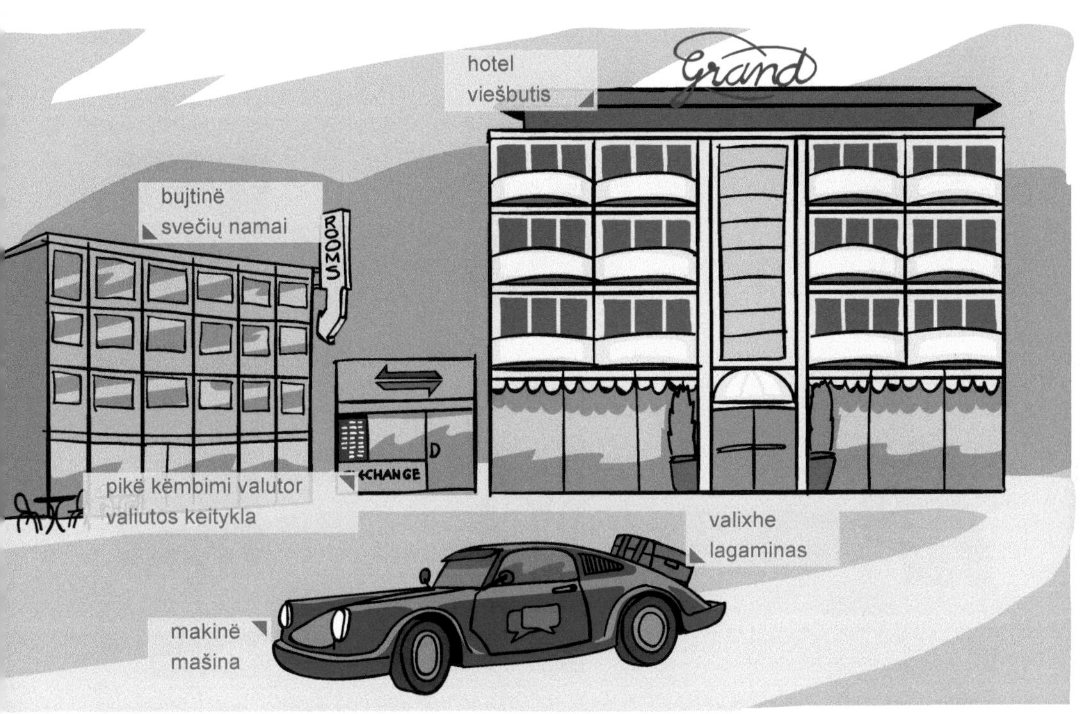

gjuhë

kalba

po / jo

taip / ne

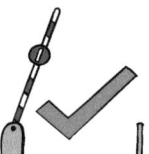

Në rregull

Gerai

ç'kemi

sveiki

përkthyes

vertëjas raštu

Faleminderit

Ačiū

sa kushton...?

kiek kainuoja...?

nuk e kuptoj

aš nesuprantu

problem

problema

Mirëmbrëma!

Labas vakaras!

Mirëmëngjes!

Labas rytas!

Natën e mirë!

Labos nakties!

mirupafshim

viso gero

drejtim

kryptis

bagazhet

bagažas

çantë

krepšys

çantë shpine

kuprinë

mysafir

svečias

dhomë

kambarys

thes gjumi

miegmaišis

tendë

palapinë

6

udhëtim - kelionė

informacion për turistët

turizmo informacija

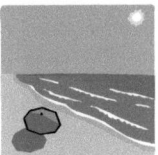

plazh

paplūdimys

kartë krediti

kreditinė kortelė

mëngjes

pusryčiai

drekë

pietūs

darkë

vakarienė

Biletë

bilietas

ashensor

liftas

pulla

pašto ženklas

kufi

siena

doganë

muitinė

ambasadë

ambasada

vizë

viza

pasaportë

pasas

transport
transportas

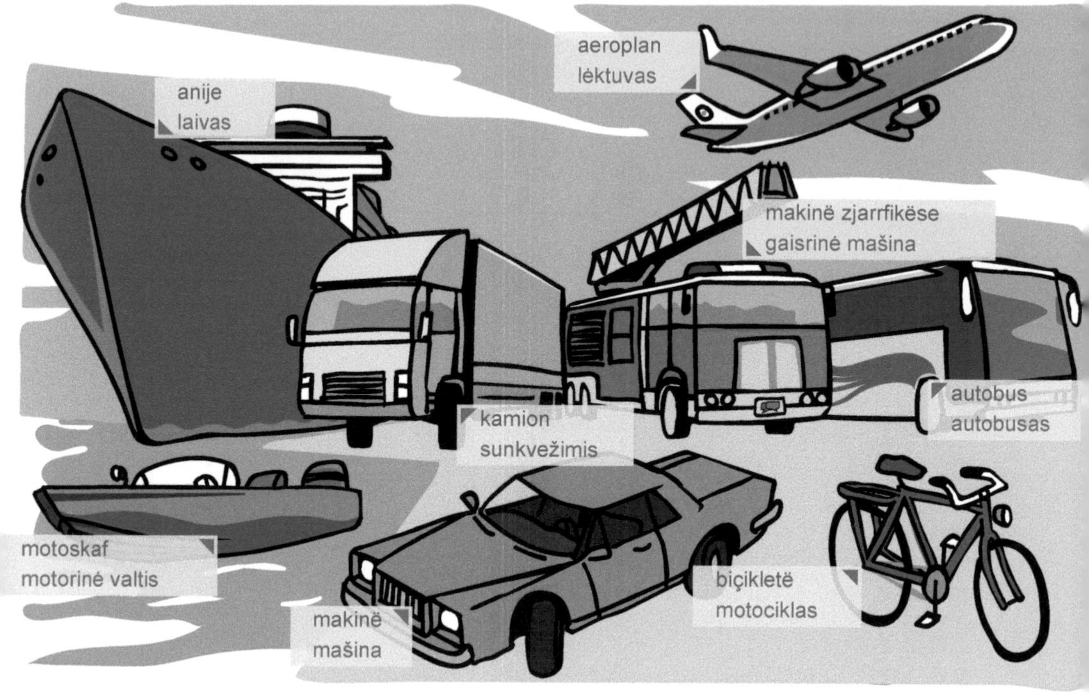

aeroplan
lėktuvas
anije
laivas
makinë zjarrfikëse
gaisrinė mašina
autobus
autobusas
kamion
sunkvežimis
motoskaf
motorinė valtis
biçikletë
motociklas
makinë
mašina

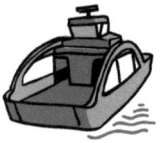

traget

keltas

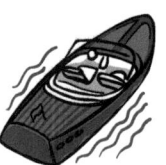

varkë

valtis

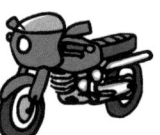

motoçikletë

mopedas

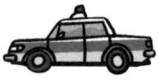

makinë policie

policijos automobilis

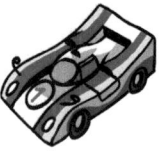

makinë garash

lenktyninis automobilis

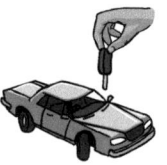

makinë me qira

nuomojamas automobilis

ndarje e qirasë së makinës
....
bendras automobilio
naudojimas

karroatrec
....
techninės pagalbos
automobilis

makinë plehrash
....
šiukšliavežė

motor
....
variklis

benzinë
....
degalai

pikë karburanti
....
degalinė

sinjalistikë trafiku
....
kelio ženklas

trafik
....
eismas

bllokim trafiku
....
eismo spūstis

parkim makinash
....
mašinų stovėjimo aikštelė

stacion treni
....
traukinių stotis

trase
....
bėgiai

tren
....
traukinys

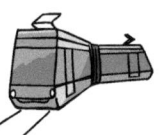

tramvaj
....
tramvajus

karro
....
vagonas

helikopter

sraigtasparnis

aeroport

oro uostas

kullë

bokštas

pasagjer

keleivis

kontenier

konteineris

kuti kartoni

dėžė

qerre

vežimėlis

shportë

krepšys

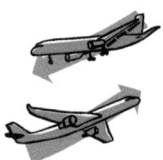

ngrihem / ulem

pakilti / nusileisti

qytet

miestas

fshat

kaimas

qendra e qytetit

miesto centras

shtëpi

namas

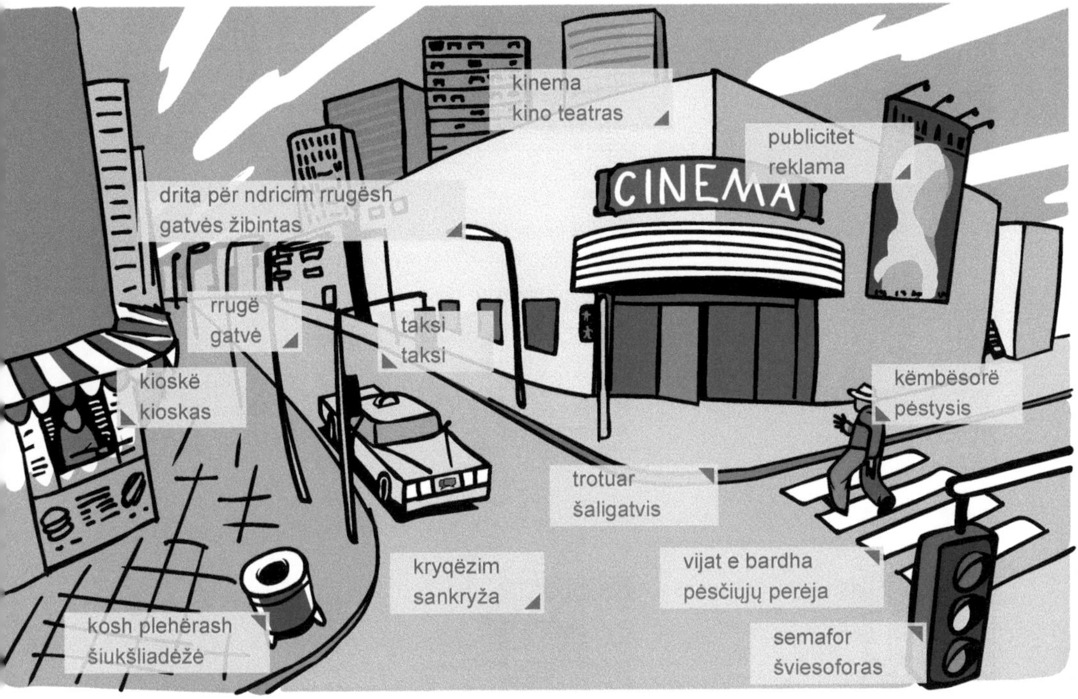
kinema
kino teatras
publicitet
reklama
CINEMA
drita për ndricim rrugësh
gatvės žibintas
rrugë
gatvė
taksi
taksi
kioskë
kioskas
këmbësorë
pėstysis
trotuar
šaligatvis
kryqëzim
sankryža
vijat e bardha
pėsčiųjų perėja
kosh plehërash
šiukšliadėžė
semafor
šviesoforas

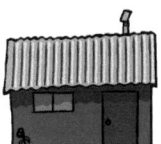

kasolle
trobelė

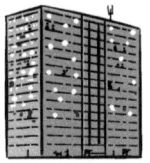

apartament
butas

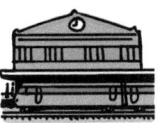

stacion treni
traukinių stotis

bashki
rotušė

MUSEUM

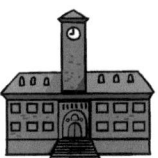

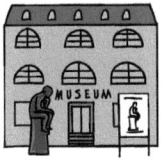

muze
muziejus

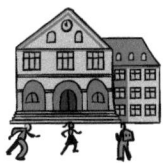

shkolla
mokykla

universitet
universitetas

bankë
bankas

spital
ligoninė

hotel
viešbutis

farmaci
vaistinė

zyrë
biuras

librari
knygynas

dyqan
parduotuvė

dyqan lulesh
gėlių parduotuvė

supermarket
prekybos centras

market
turgus

mapo
universalinė parduotuvė

dyqan peshku
žuvies parduotuvė

qëndër tregtare
prekybos centras

port
uostas

park

parkas

stol

suoliukas

urë

tiltas

shkallë

laiptai

metro

metro

tunel

tunelis

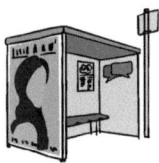

stacion autobuzi

autobusų stotelė

bar

baras

restorant

restoranas

kuti postare

lauko pašto dėžutė

sinjalistikë rrugore

kelio ženklas

kohëmatës parkimi

parkomatas

kopsht zoologjik

zoologijos sodas

pishinë

baseinas

xhami

mečetė

fermë
ūkininko ūkis

ndotje
tarša

varrezë
kapinės

kishë
bažnyčia

shesh lojërash
žaidimų aikštelė

tempull
šventykla

peisazh
kraštovaizdis

gjethe
lapas

tabela orientuese
kelio rodyklė

rrugë
kelias

livadh
pieva

gurë
akmuo

pemë
medis

ekskursionist
ėjikas

lumë
upė

bar
žolė

lule
gėlė

luginë
....
slėnis

kodër
....
kalva

liqen
....
ežeras

pyll
....
miškas

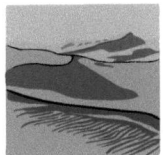

shkretëtirë
....
dykuma

vullkan
....
ugnikalnis

kështjellë
....
pilis

ylber
....
vaivorykštė

kepudhë
....
grybas

palmë
....
palmė

mushkonjë
....
uodas

mizë
....
musė

milingonë
....
skruzdėlė

bletë
....
bitė

merimangë
....
voras

brumbull

vabalas

bretkosë

varlë

ketër

voverë

iriq

ežys

lepur

kiškis

buf

pelëda

zog

paukštis

mjellmë

gulbė

derr i egër

šernas

dre

elnias

dre brilopatë

briedis

digë

užtvanka

turbinë ere

vëjo jëgainė

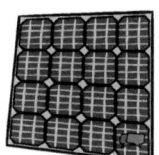

panel diellor

saulės baterija

klimë

klimatas

restorant
restoranas

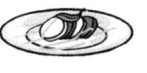

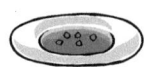

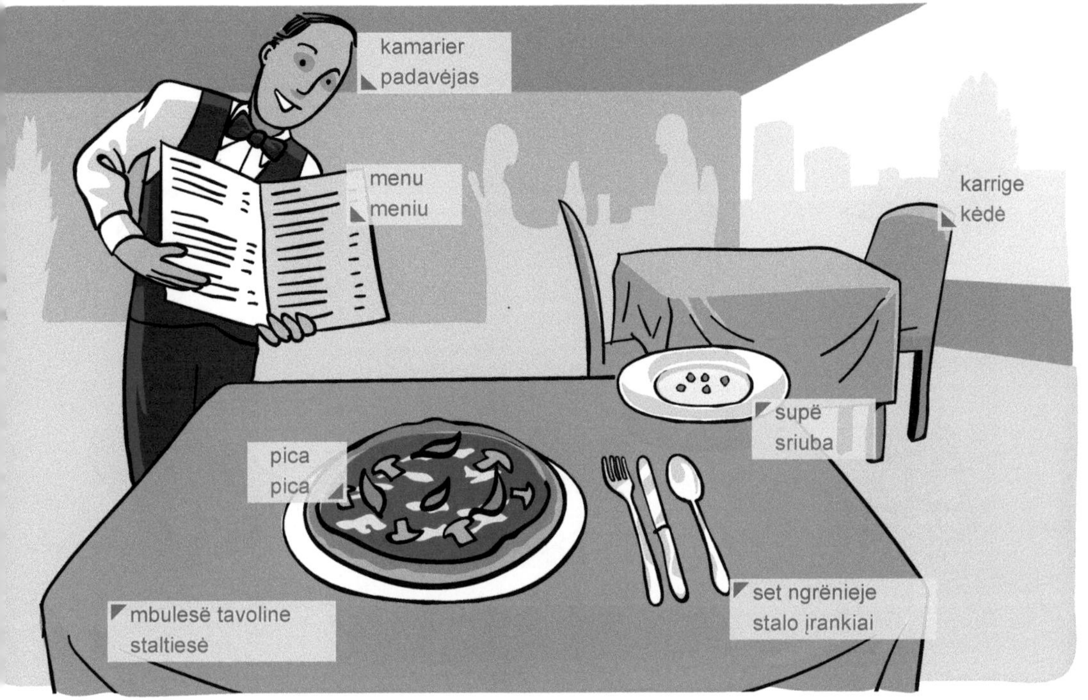
kamarier
padavėjas
menu
meniu
karrige
kėdė
supë
sriuba
pica
pica
set ngrënieje
stalo įrankiai
mbulesë tavoline
staltiesė

pjatë e parë

užkandis

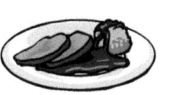

pjatë kryesore

pagrindinis patiekalas

ëmbëlsirë

desertas

pije

gėrimai

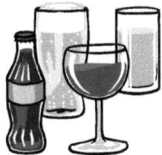

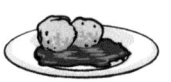

ushqim

maistas

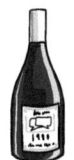

shishe

butelis

ushqim i shpejtë

greitai pateikiamas maistas

ushqim i shërbyer në rrugë

gatvės maistas

ibrik çaji

arbatinukas

kuti sheqeri

cukrinė

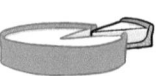

racion

porcija

makinë kafeje ekspres

espreso aparatas

karrige e lartë

aukšta kėdė

faturë

sąskaita

tabaka

padėklas

thika

peilis

pirun

šakutė

lugë

šaukštas

lugë çaji

arbatinis šaukštelis

pecetë

servetėlė

gotë

stiklinė

pjatë
lëkštë

pjatë supe
sriubos lëkštë

pjatë filxhani
padėklas

salcë
padažas

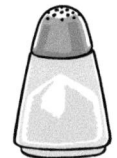

mbajtëse kripe
druskinė

mulli piperi
pipirų malūnėlis

uthull
actas

vaj
aliejus

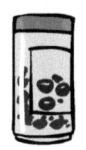

erëza
prieskoniai

keçap
kečupas

mustardë
garstyčios

majonezë
majonezas

supermarket
prekybos centras

ofertë speciale
specialus pasiūlymas
FOR
klient
pirkėjas
produkte bulmeti
pieno produktai
frut
vaisiai
karrocë pazari
troleibusas

BUTCHERS

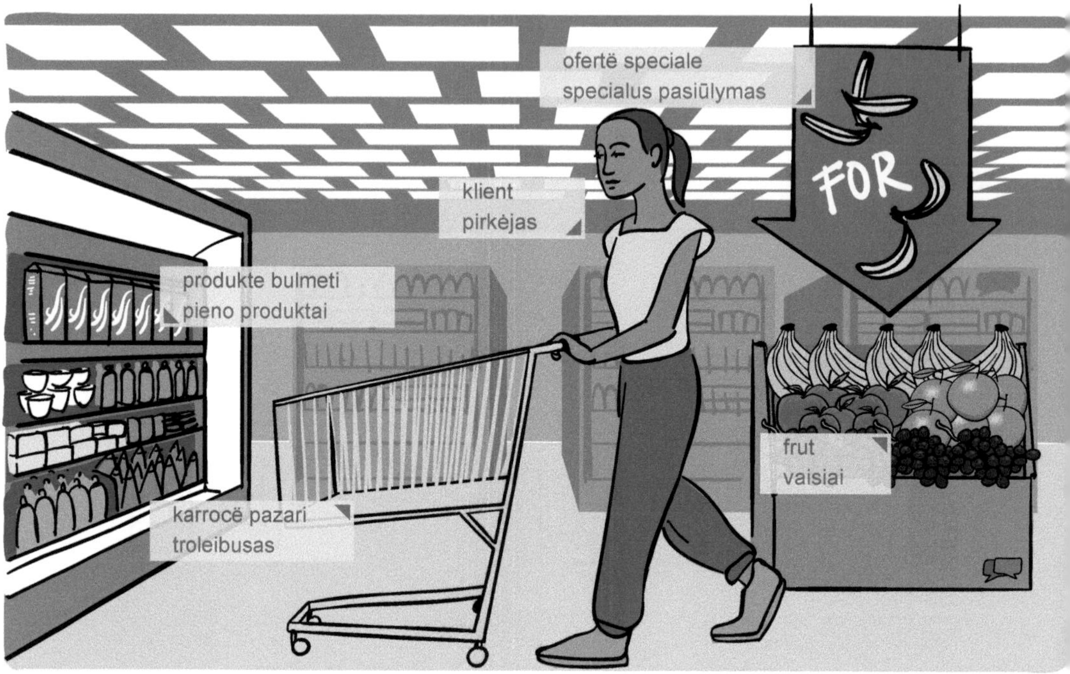

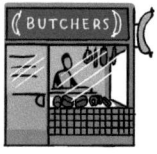

dyqan mishi

mėsos parduotuvė

BAKERY

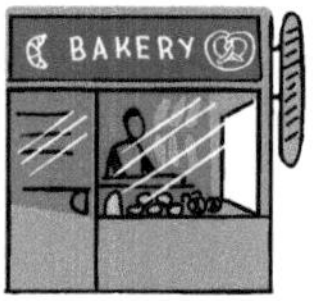

furrë buke

kepykla

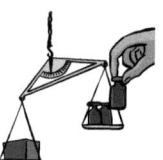

peshoj

sverti

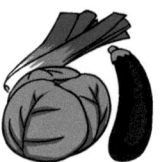

perime

daržovės

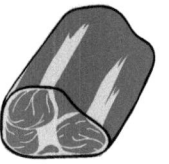

mish

mėsa

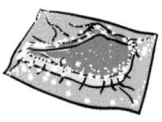

ushqim i ngrirë

šaldytas maistas

copë
....
šalti mėsos užkandžiai

ushqim i konservuar
....
konservai

pluhur larës
....
skalbimo milteliai

ëmbëlsirat
....
saldumynai

prodhime shtëpie
....
ūkinės prekės

produkte pastrimi
....
valymo priemonės

shitëse
....
pardavėja

kasë fiskale
....
kasos aparatas

arkëtar
....
kasininkas

listë blerjeje
....
pirkinių sąrašas

oraret e punës
....
darbo valandos

portofol
....
piniginė

kartë krediti
....
kreditinė kortelė

çantë
....
maišelis

qese plastike
....
plastikinis maišelis

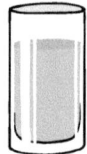

ujë
vanduo

lëng frutash
sultys

qumësht
pienas

koka-kola
kola

verë
vynas

birrë
alus

alkool
alkoholis

kakao
kakava

çaj
arbata

kafe
kava

kafe ekspres
espresas

kapuçino
kapučinas

banane

bananas

mollë

obuolys

portokalle

apelsinas

pjepër

arbūzas

limon

citrina

karrotë

morka

hudhër

česnakas

bambu

bambukas

qepë

svogūnas

kërpudha

grybas

arra

riešutai

makarona

makaronai

spageti

....

spagečiai

oriz

....

ryžiai

sallatë

....

salotos

patate të skuqura

....

traškučiai

patate të skuqura

....

keptos bulvës

pica

....

pica

hamburger

....

mėsainis

sanduiç

....

sumuštinis

shnicel

....

pjausnys

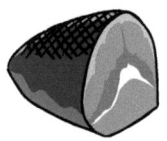

proshutë

....

kumpis

sallam

....

saliamis

salçiçe

....

dešrelė

pulë

....

vištiena

skuq

....

kepsnys

peshk

....

žuvis

tërshërë

avižų dribsniai

drithëra

dribsniai su priedais

kornfleiks

kukurūzų dribsniai

miell

miltai

kruasant

prancūziškasis ragelis

panine

bandelė

bukë

duona

tost

skrebutis

biskotë

sausainiai

gjalp

sviestas

gjizë

varškė

tortë

tortas

vezë

kiaušinis

vezë sy

kiaušinienė

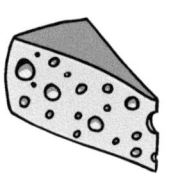

djathë

sūris

akullore

ledai

sheqer

cukrus

mjaltë

medus

marmaladë

uogienė

çokokrem

tepamas šokoladas

këri

karis

shtëpi fermë
sodyba

deng bari
šieno kupeta

hangar
klėtis

fushë
laukas

kal
arklys

rimorkio
priekaba

traktor
traktorius

kërriç
kumeliukas

gomar
asilas

dele
avis

qengj
ėriukas

dhi
ožys

lopë
karvė

viç
veršis

derr
kiaulė

derrkuc
paršelis

dem
bulius

patë
....
žąsis

rosë
....
antis

zog pule
....
viščiukas

pulë
....
višta

gjel
....
gaidys

mi
....
žiurkė

mace
....
katė

mi
....
pelė

buall
....
jautis

qen
....
šuo

kolibe qeni
....
šuns būda

zorrë vaditëse
....
sodo namas

vaditëse
....
laistytuvas

kosë
....
dalgis

plug
....
plūgas

drapër

pjautuvas

shat

kauptukas

kosa

šakės

sëpatë

kirvis

karrocë

statinė

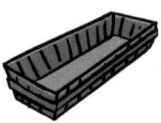

govatë

lovys

bidon qumështi

bidonas

thes

maišas

gardh

tvora

ahur

arklidė

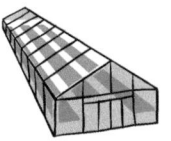

serë

šiltnamis

dhe

dirva

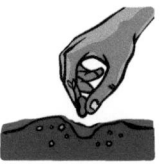

farë

sėkla

pleh

trąšos

autokombanjë

kombainas

fermë - ūkininko ūkis   29

korr

rinkti

te korrat

derlius

patate e ëmbël "Yam"

saldžiosios bulvės

grurë

kviečiai

soja

soja

patate

bulvė

misër

kukurūzai

raps

rapsai

pemë frutore

vaismedis

zhardhok manioku

manijokas

drithëra

grūdai

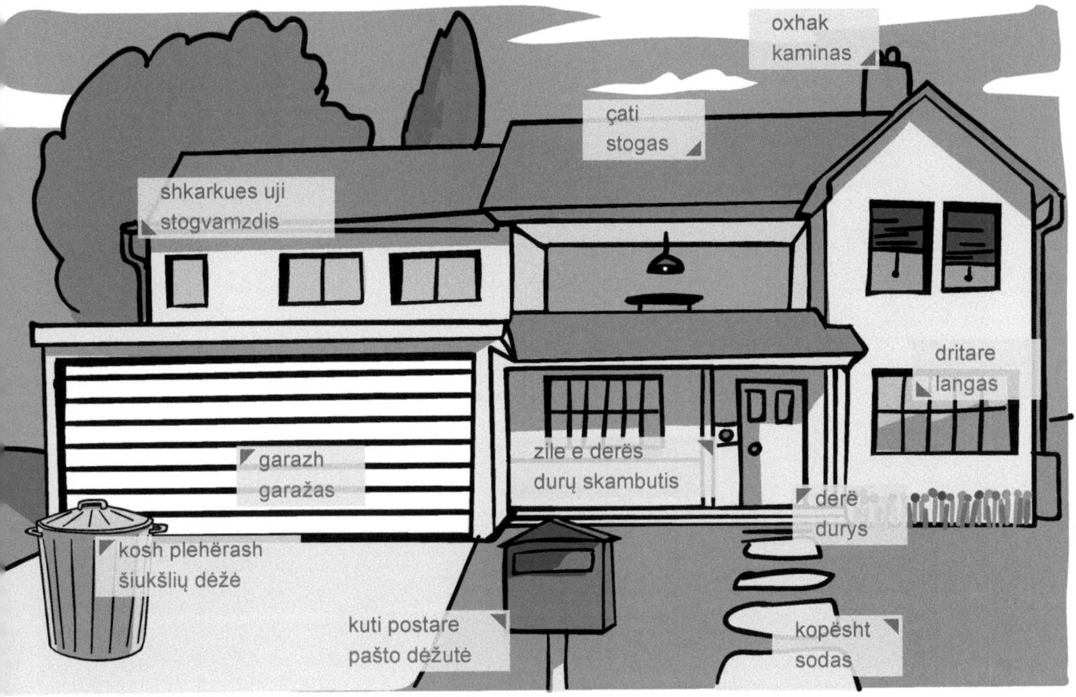

oxhak
kaminas

çati
stogas

shkarkues uji
stogvamzdis

dritare
langas

garazh
garažas

zile e derës
durų skambutis

derë
durys

kosh plehërash
šiukšlių dėžė

kuti postare
pašto dėžutė

kopësht
sodas

dhomë ndenjeje

svetainė

tualet

vonios kambarys

kuzhinë

virtuvė

dhomë gjumi

miegamasis

dhomë fëmijësh

vaiko kambarys

dhomë ngrënieje

valgomasis

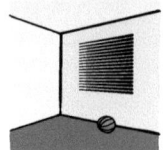

dysheme
grindys

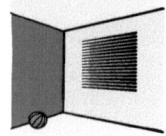

mur
siena

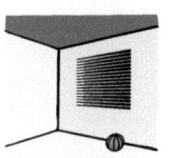

tavan
lubos

bodrum
rūsys

sauna
sauna

ballkon
balkonas

tarracë
terasa

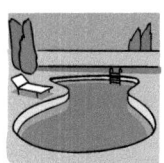

pishinë
baseinas

kositëse bari
žoliapjovė

çarçaf
paklodė

kuvertë
lovatiesė

krevat
lova

fshesë dore
šluota

kovë
kibiras

çelës
jungiklis

dhomë ndenjeje

svetainė

tapiceri
tapetai
fotografi
nuotrauka
llambë
šviestuvas
raft
lentyna
dollap
spintelė
pajisje televizive
televizorius
vatër
židinys
lule
gėlė
jastëk
pagalvėlė
divan
sofa
vazo
vaza
telekomandë
nuotolinio valdymo pultelis

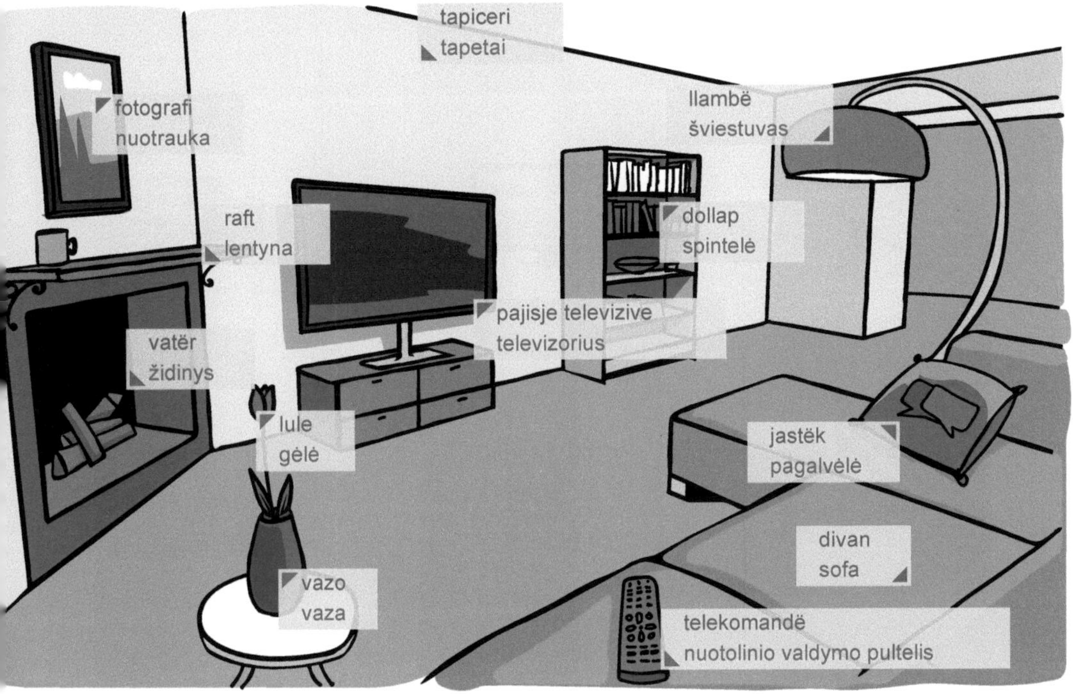

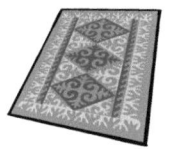

qilim

kilimas

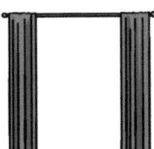

perde

užuolaida

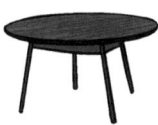

tavolinë

stalas

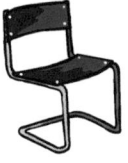

karrige

kėdė

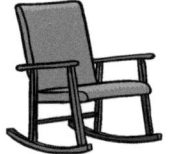

karrige lëkundëse

supamasis krėslas

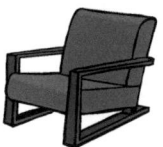

kolltuk

fotelis

libri

knyga

batanije

antklodė

zbukurime

papuošimai

dru zjarri

malkos

film

filmas

stereo

stereo aparatūra

çelës

raktas

gazetë

laikraštis

pikturë

paveikslas

afishe

plakatas

radio

radijas

bllok shënimesh

užrašų knygelė

fshesë me korent

dulkių siurblys

kaktus

kaktusas

qiri

žvakė

kuzhinë
virtuvė

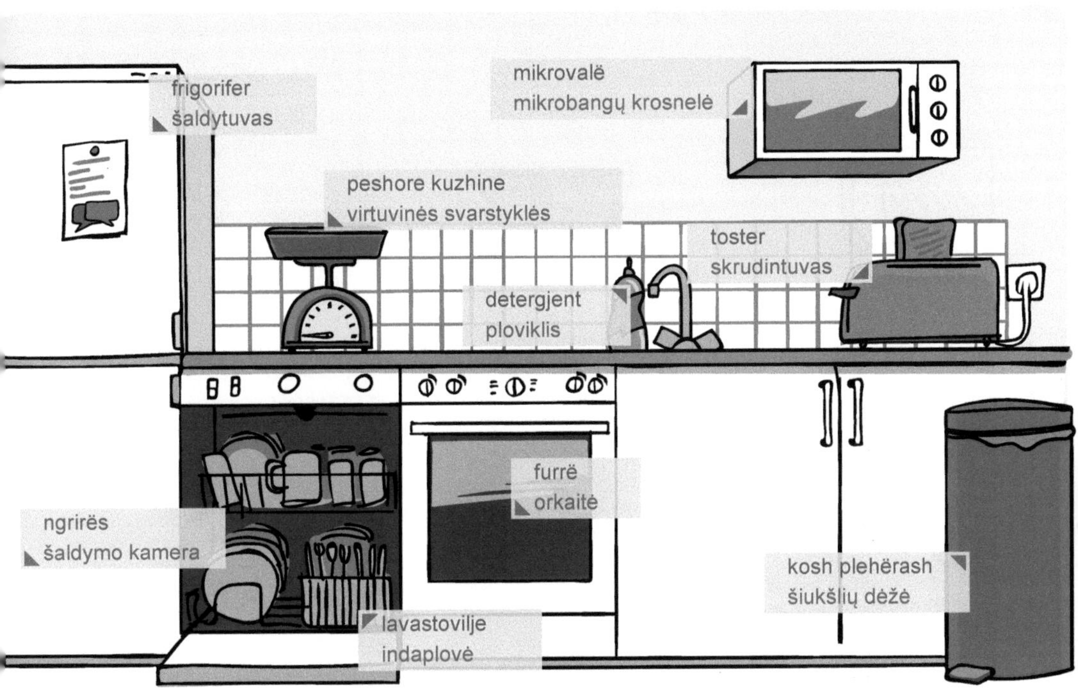
frigorifer
šaldytuvas
mikrovalë
mikrobangų krosnelė
peshore kuzhine
virtuvinės svarstyklės
toster
skrudintuvas
detergjent
ploviklis
furrë
orkaitė
ngrirës
šaldymo kamera
kosh plehërash
šiukšlių dėžė
lavastovilje
indaplovė

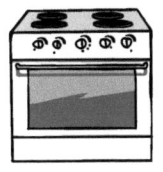

sobë

viryklė

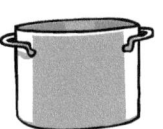

tenxhere

puodas

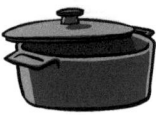

tenxhere me kapak

ketaus puodas

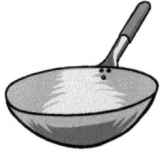

tigan special (Wok)

„wok“ keptuvė

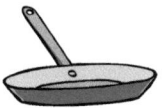

tigan

keptuvė

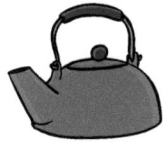

çajnik

virdulys

tenxhere me avull
....
garų puodas

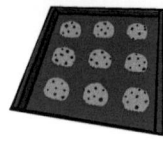

tavë pjekjeje
....
kepimo skarda

enë
....
porceliano indai

filxhan
....
puodelis

tas
....
dubuo

shkopinj
....
valgomosios lazdelės

garuzhde
....
samtis

spatul
....
mentelė

tel kuzhine
....
plaktuvas

kulluese
....
koštuvas

sitë
....
sietas

rende
....
trintuvė

havan
....
grūstuvė

skarë
....
kepsninė

zjarr
....
atvira liepsna

dërrasë për prerje

pjaustymo lentelė

okllai

kočėlas

heqëse tapash

kamščiatraukis

kanaçe

skardinė

hapëse kanaçeje

skardinių atidarytuvas

rrobë për të kapur tenxheren

puodkėlė

lavaman

kriauklė

furçë

šepetys

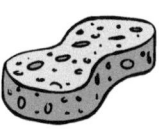

sfungjer

kempinė

përzjerës

trintuvas

ngrirës

šaldiklis

biberon për lëngje

kūdikių buteliukas

rubinet

čiaupas

tualet
vonios kambarys

ngrohje
šildymas
peshqirë
rankšluostis
dush
dušas
perde dushi
dušo užuolaidos
vaskë me shkumë
vonios putos
vaskë
vonia
gotë
stiklinė
lavatriçe
skalbimo mašina
rubinet
čiaupas
pllaka
plytelės
oturak
naktinis puodukas
lavaman
kriauklė

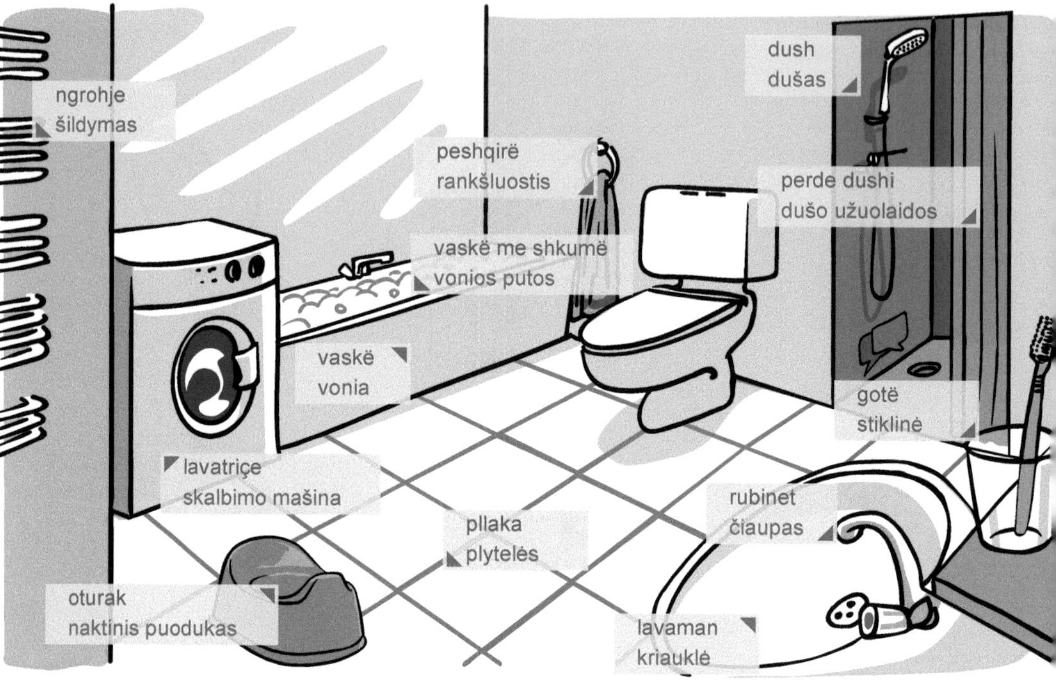

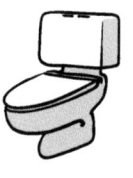

tualet
unitazas

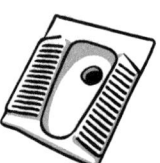

WC e sheshtë
tupimasis unitazas

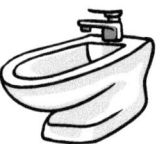

bide
bidė

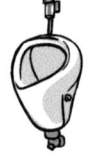

tualet publik
pisuaras

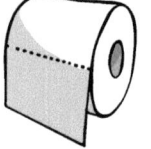

letër higjienike
tualetinis popierius

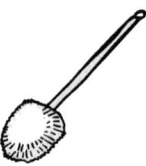

furçe për WC
unitazo šepetys

furçë dhëmbësh

dantų šepetėlis

pastë dhëmbësh

dantų pasta

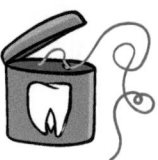

fije dentare

dantų siūlas

laj

plauti

dorezë dushi

dušo galvutė

larës për zonën intime

higieninis dušas

legen

praustuvas

furçë për masazh shpine

nugaros plaušinė

sapun

muilas

shampo trupi

dušo želė

shampo

šampūnas

leckë pastruese

plaušinė

kullues

kanalizacija

krem

kremas

antidjersë

dezodorantas

pasqyrë

veidrodis

pasqyrë dore

veidrodėlis

brisk rroje

skustuvas

shkumë rroje

skutimosi putos

locion pas rrojes

losjonas po skutimosi

krehër

šukos

furçë

šepetys

tharëse flokësh

plaukų džiovintuvas

llak për flokët

plaukų lakas

grim

makiažas

buzëkuq

lūpdažis

manikyr

nagų lakas

mbushje pambuku

vata

gërshërë për thonj

žirklutės nagams

parfum

kvepalai

çantë për sendet personale

maišelis skalbiniams

Stol

taburetė

peshore

svarstyklės

robëdëshambër

chalatas

dorashka gome

guminės pirštinės

tampon

tamponas

peceta higjienike

higieninis įklotas

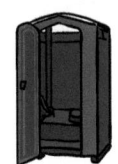

tualet I lëvizshëm

biotualetas

dhomë fëmijësh
vaiko kambarys

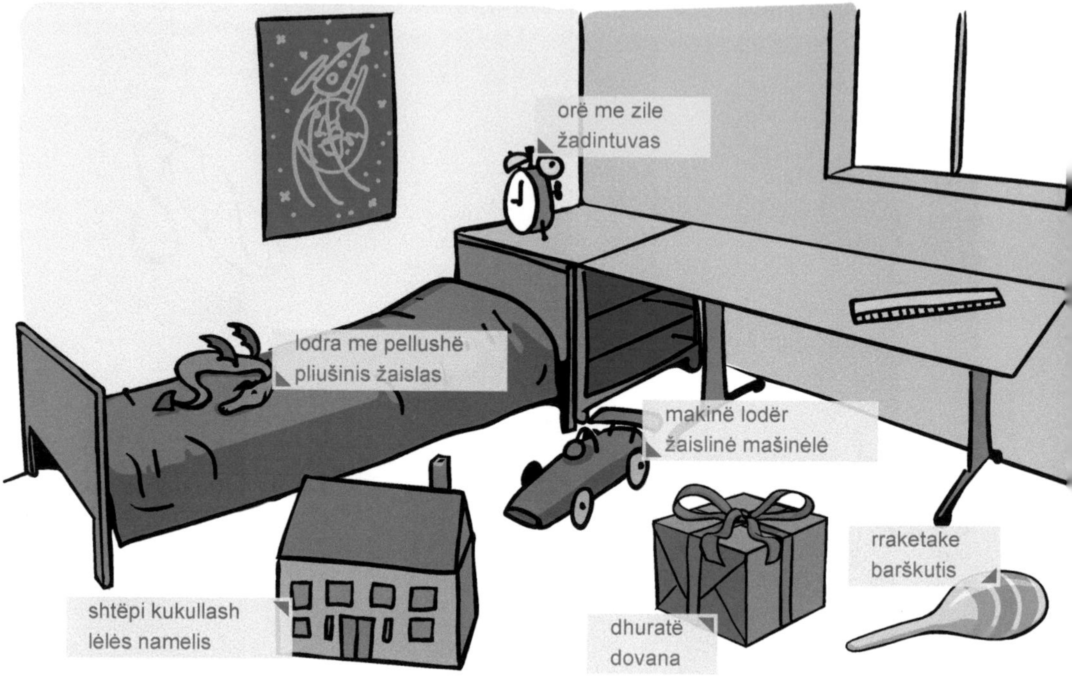
orë me zile
žadintuvas
lodra me pellushë
pliušinis žaislas
makinë lodër
žaislinė mašinėlė
rraketake
barškutis
shtëpi kukullash
lėlės namelis
dhuratë
dovana

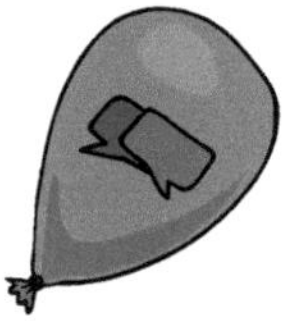

tollumbace

balionas

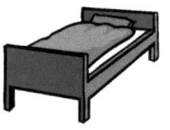

krevat

lova

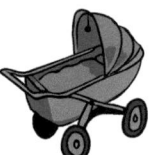

karrocë fëmijësh

vaikiškas vežimėlis

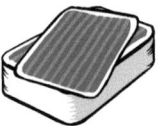

lojë me letra

kortų malka

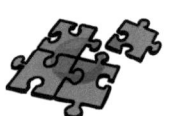

bashkim pjesësh me figura

delionė

SUPER
MEGA

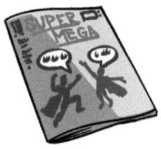

komik

komiksai

formuese lodër

lego kaladėlės

kuba plastikë

žaislinės kaladėlės

lodra

figūrėlė

badi

šliaužtinukai

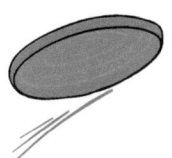

frizbi

mėtymo lėkštė

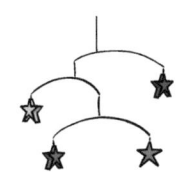

lodra të varura tek krevati i fëmijëve

karuselė

tavolinë lojërash

stalo žaidimas

zare

kauliukai

model treni

žaislinis traukinys

biberon

žindukas

festë

vakarėlis

libër me ilustrime

paveiksliukų knygelė

top

kamuolys

kukull

lėlė

luaj

žaisti

grumbull rëre

smėlio dėžė

kolovarëse

sūpynės

lodra

žaislai

leva për lojra video

žaidimų konsolė

triçikël

triratukas

arush prej pellushi

meškiukas

garderobë

drabužių spinta

veshje

drabužis

çorape

kojinės

çorape të gjata

kojinės virš kelių

geta

pėdkelnės

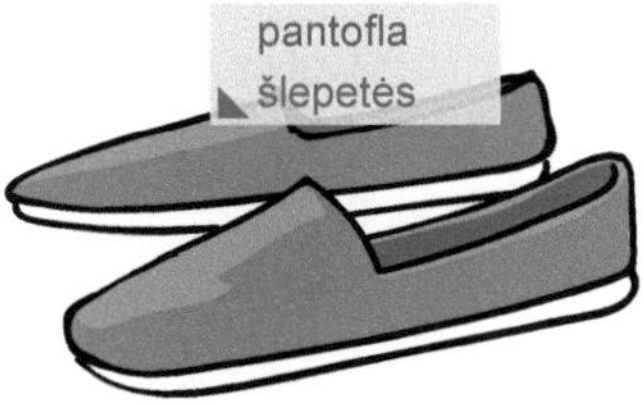

shall
šalikas

çadër
skëtis

bluzë pa jakë
marškinëliai

rrip
diržas

çizme
ilgaauliai batai

pantofla
šlepetės

atlete
sportbačiai

sandale
....
sandalai

këpucë
....
batai

çizme llastiku
....
guminiai batai

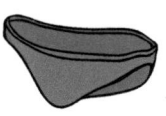
të mbathura
....
trumpikės

reçipeta
....
liemenėlė

kanotierë
....
liemenė

veshje - drabužis   45

trup

glaustinukė

pantallona

kelnės

xhinse

džinsai

fund

sijonas

bluzë

palaidinė

këmishë

marškiniai

pulovër

megztinis

triko

megztinis su gobtuvu

xhaketë

švarkelis

xhaketë

švarkas

pallto

paltas

mushama shiu

lietpaltis

kostum

kostiumas

fustan

suknelė

fustan nusërie

vestuvinė suknelė

kostum

kostiumas

këmishë nate

naktiniai marškiniai

pizhama

pižama

sari (veshje tradicionale indiane)

saris

shami koke

skarelė

çallmë

tiurbanas

veshje për femrat e besimit musliman

burka

kaftan (lloj veshjeje tradicionale)

kaftanas

ferexhe

abaja

kostum banje

maudymosi kostiumėlis

rroba banje

glaudės

pantallona të shkurtra

šortai

tuta sporti

sportinis kostiumas

përparëse

prijuostė

dorashka

pirštinės

kopsë

saga

syze

akiniai

byzylyk

apyrankė

gjerdan

vėrinys

unazë

žiedas

vath

auskaras

kapuç

kepurė

varëse për pallto

pakabas

kapele

skrybėlė

kravatë

kaklaraištis

zinxhir

užtrauktukas

helmetë

šalmas

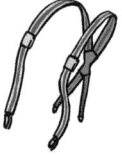

tiranda

breketai

uniformë shkolle

mokyklinė uniforma

uniformë

uniforma

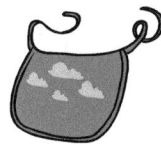

gushore

seilinukas

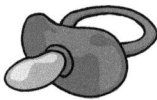

biberon

žindukas

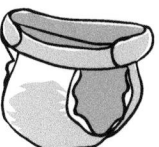

pelenë

vystyklai

zyrë

biuras

server
serveris
skedar
dokumentų spinta
printer
spausdintuvas
letër
popierius
ekran
vaizduoklis
maus
pelė
tavolinë
rašomasis stalas
dosje
aplankas
tastierë
klaviatūra
karrige
kėdė
kosh letrash
šiukšliadėžė
kompjuter
kompiuteris

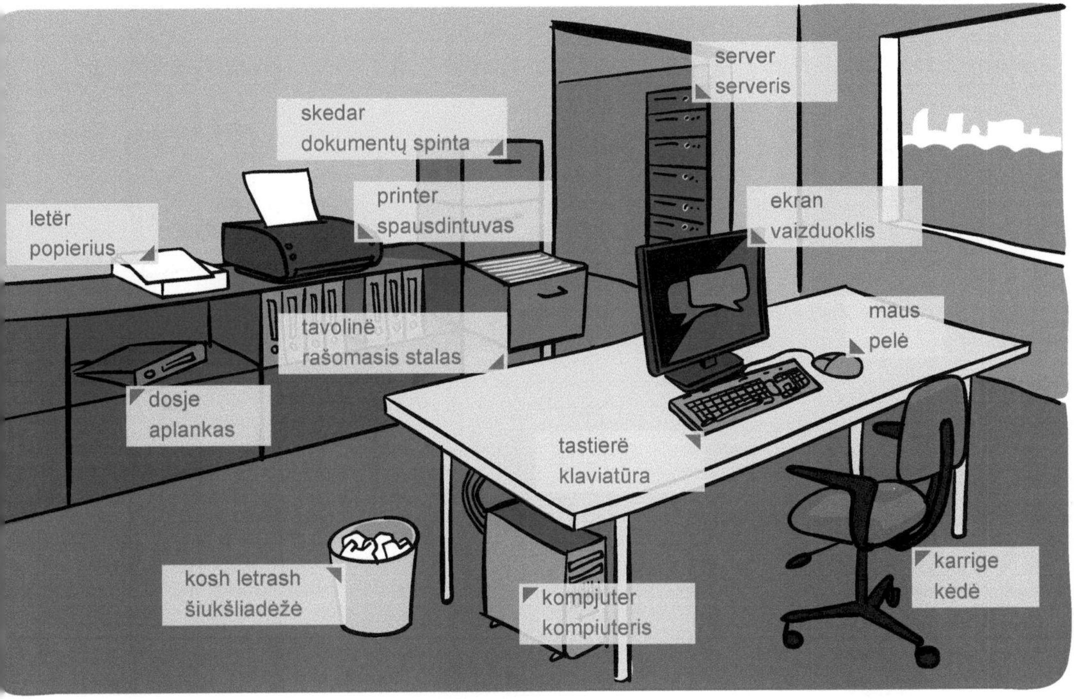

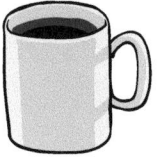

filxhan kafeje

kavos puodelis

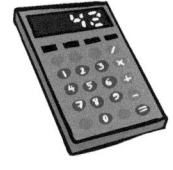

makinë llogaritëse

kalkuliatorius

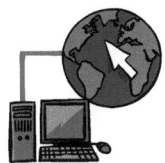

internet

internetas

kompjuter portativ

nešiojamasis kompiuteris

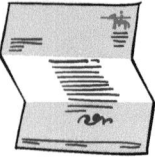

letër

laiškas

mesazh

žinutė

telefon

mobilusis telefonas

rrjet

tinklas

fotokopje

fotokopijavimo aparatas

program

programinė įranga

telefon

telefonas

prizë

kištukinis lizdas

pajisje faksi

faksas

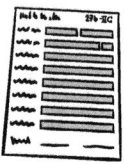

formular

forma

dokument

dokumentas

blej
----
pirkti

paguaj
----
mokėti

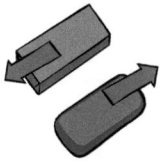

tregtoj
----
prekiauti

para
----
pinigai

dollar
----
doleris

euro
----
euras

jen
----
jena

rubla
----
rublis

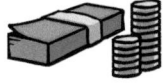

franga zvicerane

Šveicarijos frankas

juani kinez
----
juanis

rupje
----
rupija

bankomat
----
bankomatas

pikë këmbimi valutor

valiutos keitykla

ar

auksas

argjend

sidabras

nafta

nafta

energji

energija

çmim

kaina

kontratë

sutartis

taksë

mokestis

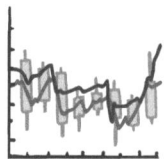

aksione

akcijos

punoj

dirbti

punonjës

darbuotojas

punëdhënës

darbdavys

fabrikë

gamykla

dyqan

parduotuvė

oficer policie
policininkas

zjarrfikës
ugniagesys

kuzhinier
virëjas

mjek
gydytojas

pilot
lakūnas

kopshtar

sodininkas

marangoz

stalius

rrobaqepëse

siuvëja

gjykatës

teisëjas

kimist

chemikas

aktor

aktorius

shofer autobuzi

autobuso vairuotojas

taksist

taksi vairuotojas

peshkatar

žvejys

pastruese

valytoja

riparues çatish

stogdengys

kamarier

padavėjas

gjuetar

medžiotojas

piktor

dailininkas

furrxhi

kepėjas

elektriçist

elektrikas

ndërtues

statybininkas

inxhinier

inžinierius

kasap

mėsininkas

hidraulik

santechnikas

postieri

paštininkas

ushtar

kareivis

arkitekt

architektas

arkëtar

kasininkas

luleshitës

gėlininkas

berber

kirpėjas

kontrollor

konduktorius

mekanik

mechanikas

kapiten

kapitonas

dentist

odontologas

shkencëtar

mokslininkas

rabin

rabinas

imam

imamas

murg

vienuolis

klerik

kunigas

mjete
įrankiai

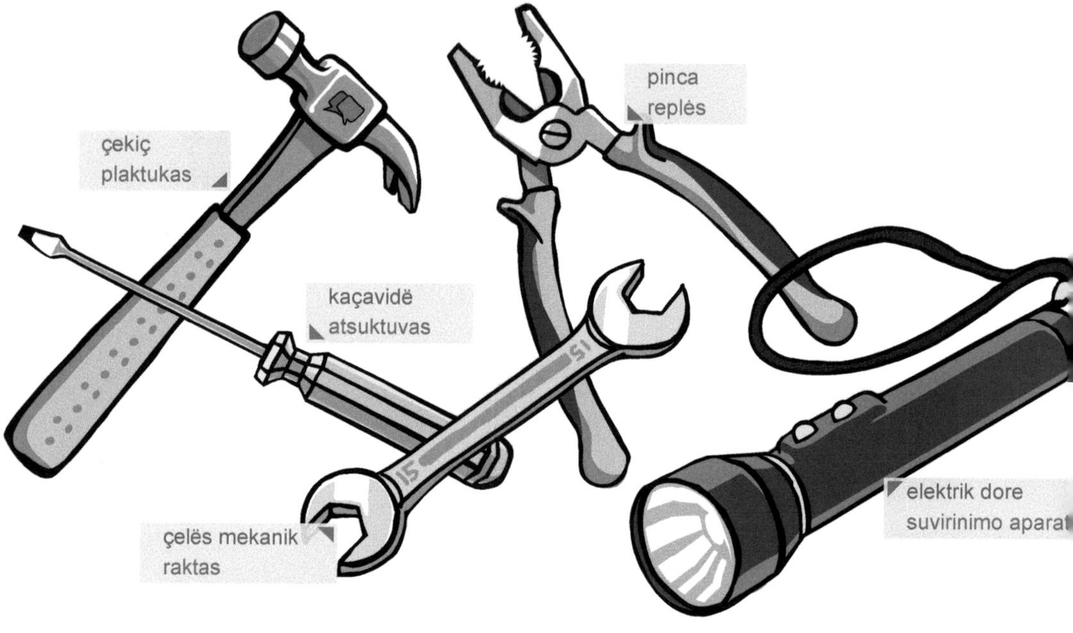
pinca
replės
çekiç
plaktukas
kaçavidë
atsuktuvas
elektrik dore
suvirinimo aparat
çelës mekanik
raktas

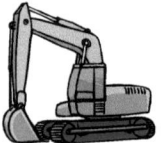

ekskavator

ekskavatorius

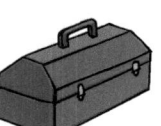

kuti veglash

įrankių dėžė

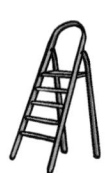

shkallë

kopėčios

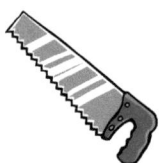

sharrë

pjūklas

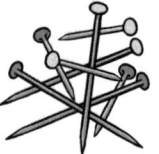

gozhdë

vinys

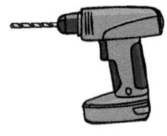

trapan

grąžtas

riparoj
....
taisyti

lopatë
....
kastuvas

Dreq!
....
Velniava!

kaci
....
semtuvėlis

kuti boje
....
dažų skardinė

vidhë
....
varžtai

instrumenta muzikorë
muzikos instrumentai

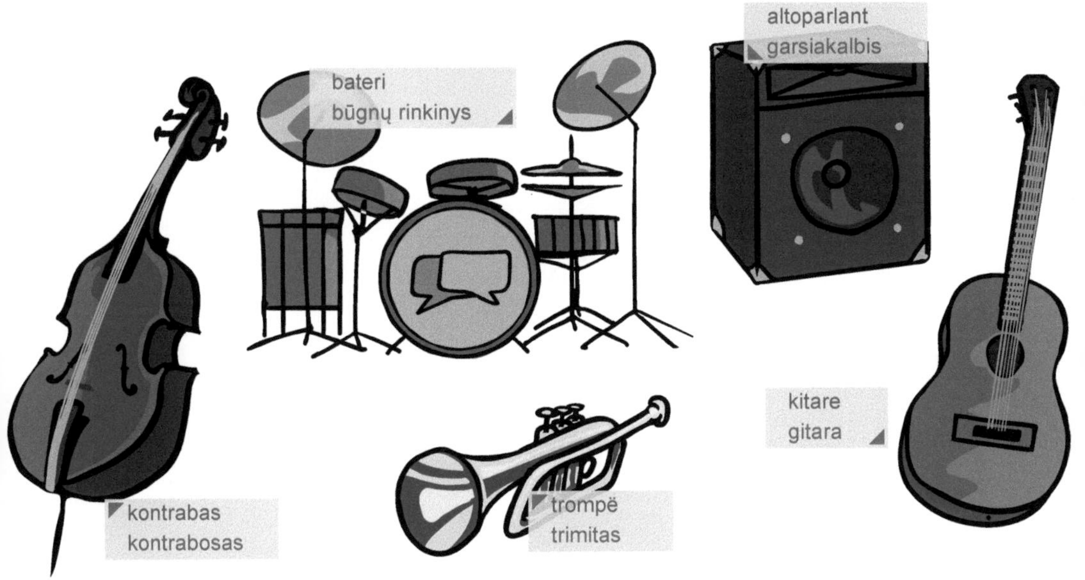

altoparlant
garsiakalbis

bateri
būgnų rinkinys

kitare
gitara

kontrabas
kontrabosas

trompë
trimitas

piano

pianinas

violinë

smuikas

bas

bosinė gitara

tamburë

timpanas

daulle

būgnai

tastierë pianoje

sintezatorius

saksofon

saksofonas

flaut

fleita

mikrofon

mikrofonas

kopsht zoologjik
zoologijos sodas

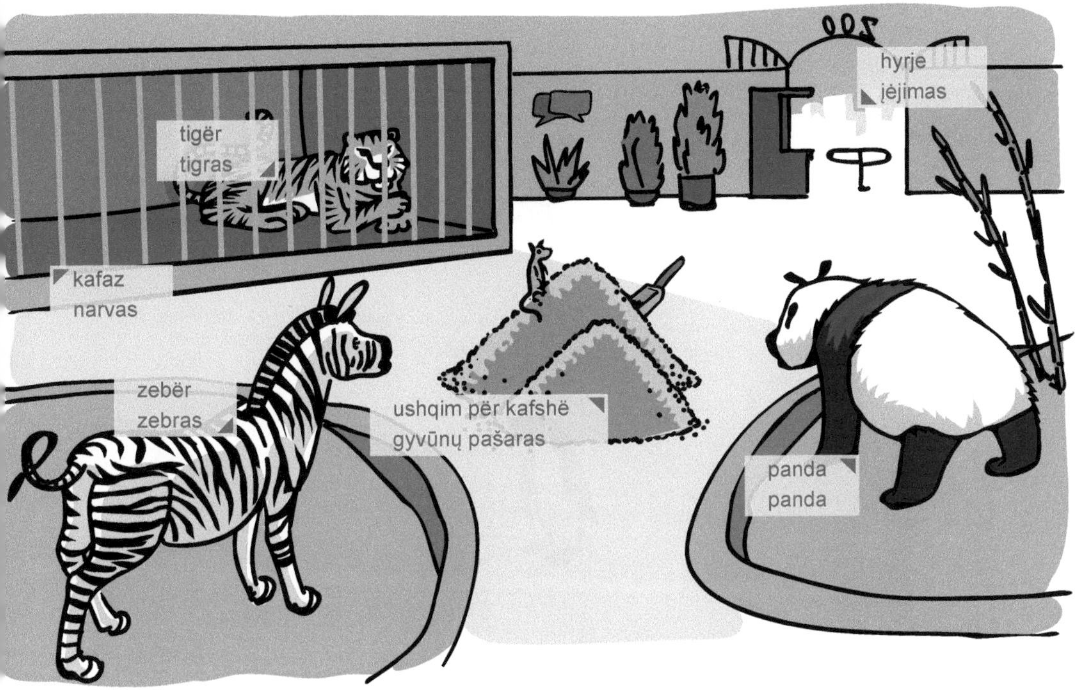

zoo
hyrje
įėjimas
tigër
tigras
kafaz
narvas
zebër
zebras
ushqim për kafshë
gyvūnų pašaras
panda
panda

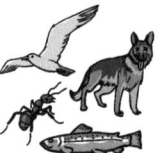

kafshë

gyvūnai

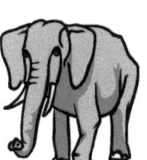

elefant

dramblys

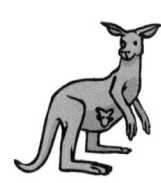

kangur

kengūra

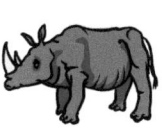

rinoceront

raganosis

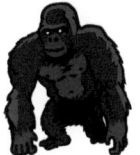

gorillë

gorila

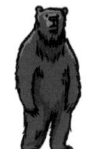

ari

meška

deve

kupranugaris

struc

strutis

luan

liūtas

majmun

beždžionė

flamingo

flamingas

papagall

papūga

ari polar

baltoji meška

pinguin

pingvinas

peshkaqen

ryklys

pallua

povas

gjarpër

gyvatė

krokodil

krokodilas

punonjës i kopshtit zoologjik

zoologijos sodo prižiūrėtojas

fokë

ruonis

xhaguar

jaguaras

poni
ponis

leopard
leopardas

hipopotam
begemotas

gjirafë
žirafa

shqiponjë
erelis

derr i egër
šernas

peshk
žuvis

breshkë
vėžlys

lopë deti
vėplys

dhelpër
lapė

gazelë
gazelė

futboll amerikan
amerikietiškas futbolas

çiklizëm
dviračių sportas

tenis
tenisas

basketboll
krepšinis

not
plaukimas

boks
boksas

hokej mbi akull
ledo ritulys

futboll
futbolas

badminton
badmintonas

atletikë
atletika

hendboll
rankinis

ski
slidinëjimas

polo
polas

aktivitet
užsiėmimai

qesh
juoktis
hidhem
šokinėti
përqafoj
apkabinti
eci
vaikščioti
këndoj
dainuoti
ëndërroj
svajoti
lutem
melstis
puth
bučiuoti

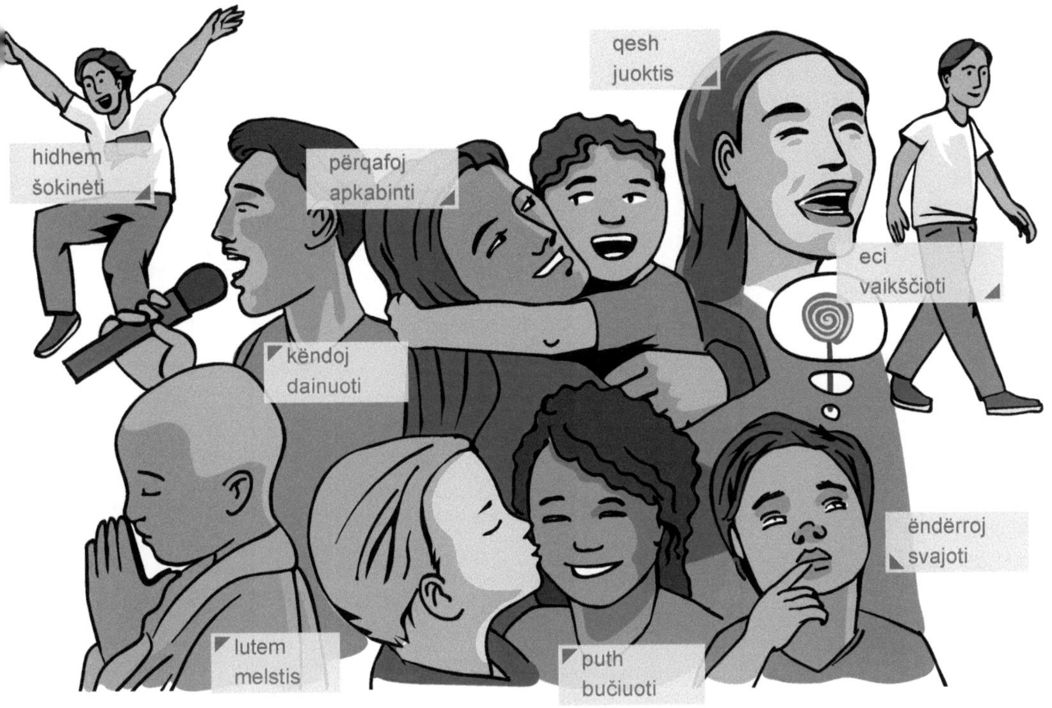

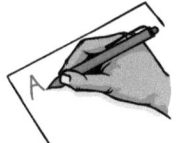

shkruaj
rašyti

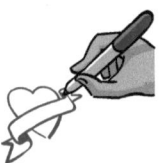

vizatoj
piešti

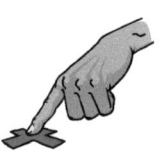

tregoj
rodyti

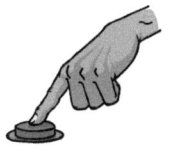

shtyj
stumti

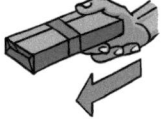

jap
duoti

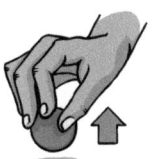

marr
imti

kam

turėti

bëj

daryti

jam

būti

qëndroj

stovėti

vrapoj

bėgti

tërheq

traukti

hedh

mesti

bie

kristi

shtrihem

meluoti

pres

laukti

mbaj

nešti

ulem

sėdėti

vishem

rengtis

fle

miegoti

zgjohem

pabusti

aktivitet - užsiėmimai

shikoj
žiūrėti

qaj
verkti

përkëdhel
glostyti

kreh
šukuoti

bisedoj
kalbėti

kuptoj
suprasti

kërkoj
paklausti

dëgjoj
klausytis

pi
gerti

ha
valgyti

sistemoj
tvarkytis

dashuroj
mylėti

gatuaj
gaminti

drejtoj makinën
vairuoti

fluturoj
skristi

lundroj
buriuoti

llogaris
skaičiuoti

lexoj
skaityti

mësoj
mokytis

punoj
dirbti

martohem
vesti

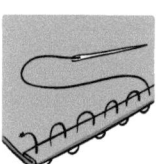

qep
siūti

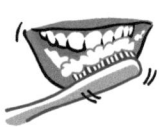

laj dhëmbët
valytis dantis

vras
žudyti

tymos
rūkyti

dërgoj
siųsti

gjyshe
senelė

gjysh
senelis

baba
tėvas

nėnė
motina

bebe
kūdikis

vajzė
dukra

djalė
sūnus

mysafir

svečias

teze, hallë

teta

dajë, xhaxha

dėdė

vëlla

brolis

motër

sesuo

trupi
kūnas

balli
kakta
syri
akis
shpatulla
petys
gishti
pirštas
fytyra
veidas
mjekra
smakras
dora
plaštaka
këmba
koja
krahërori
krūtinė
krahu
ranka

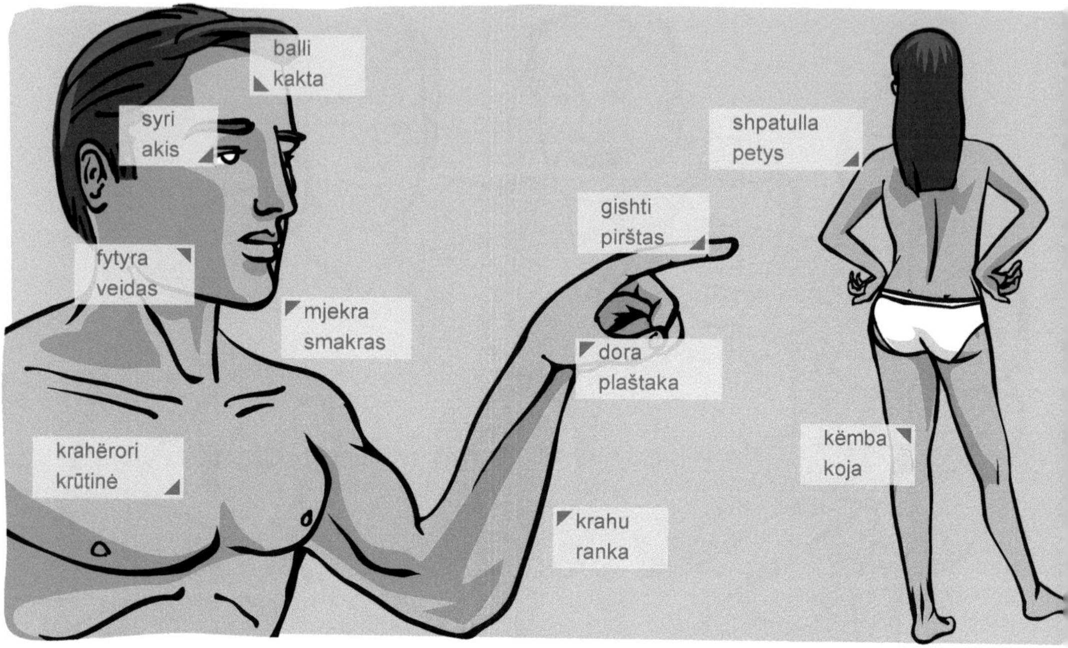

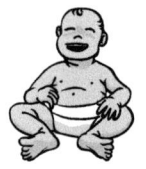

bebe
kūdikis

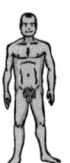

burrë
vyras

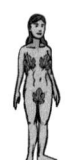

grua
moteris

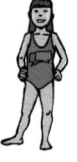

vajzë
mergaitė

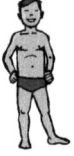

djalë
berniukas

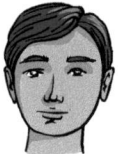

koka
galva

shpina
nugara

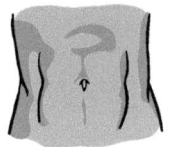

barku
pilvas

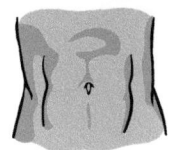

kërthiza
bamba

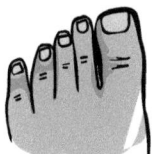

gisht këmbe
kojos pirštas

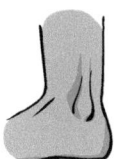

Thembra
kulnas

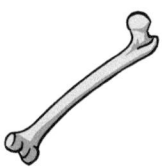

kockë
kaulas

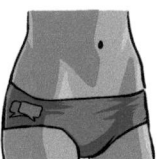

legeni
klubas

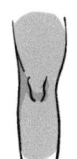

gjuri
kelis

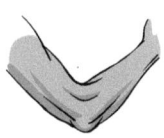

bërryli
alkūnė

hunda
nosis

vithe
sėdmenys

lëkura
oda

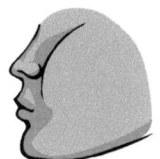

faqja
skruostas

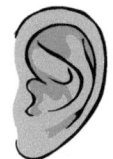

veshi
ausis

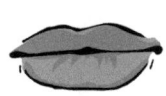

buza
lūpa

goja
burna

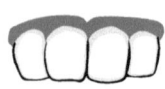

dhëmbët
dantis

gjuha
liežuvis

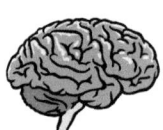

truri
smegenys

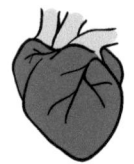

zemra
širdis

muskul
raumuo

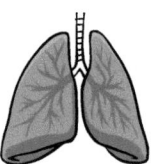

mushkëria
plaučiai

mëlçia
kepenys

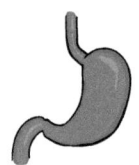

stomaku
skrandis

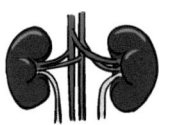

veshka
inkstai

seks
seksas

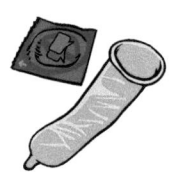

prezervativ
prezervatyvas

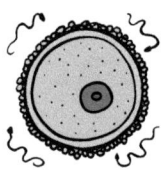

veza
kiaušialąstė

sperma
sperma

shtatëzani
nėštumas

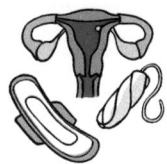

menstruacione

menstruacijos

vagina

makštis

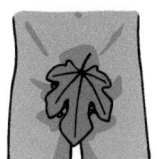

penis

varpa

vetulla

antakis

flokët

plaukai

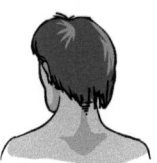

qafa

kaklas

spital
ligoninė

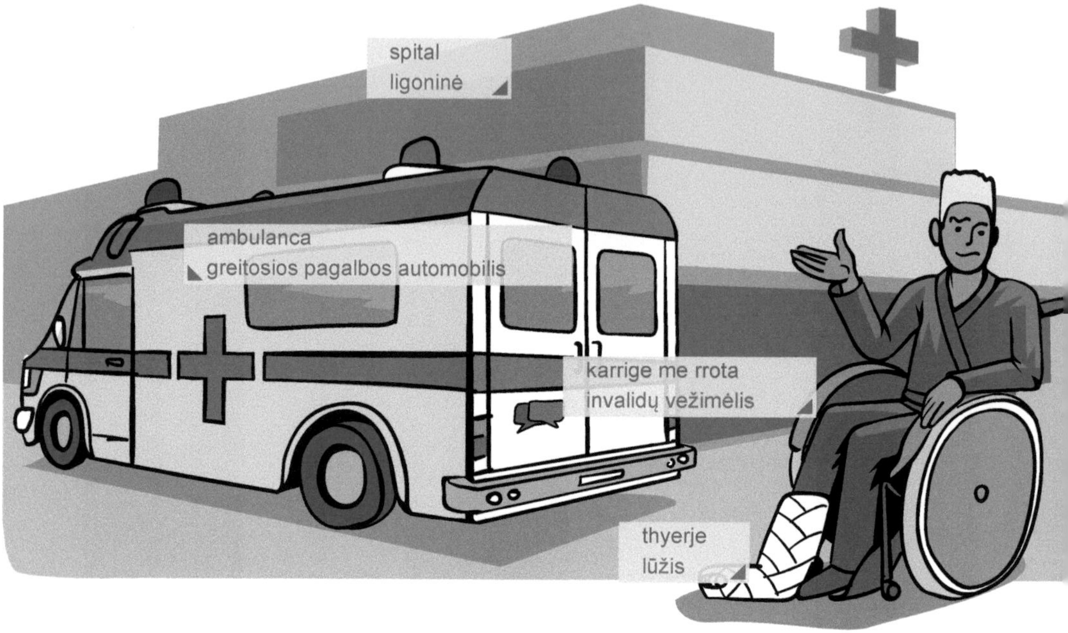

spital
ligoninė
ambulanca
greitosios pagalbos automobilis
karrige me rrota
invalidų vežimėlis
thyerje
lūžis

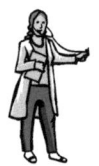

mjek
gydytojas

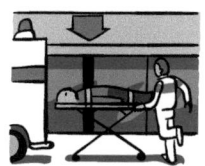

sallë urgjencash
skubios pagalbos skyrius

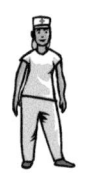

infermiere
slaugytoja

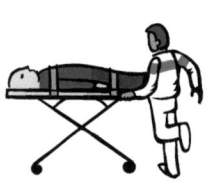

emergjencë
nelaimingas atsitikimas

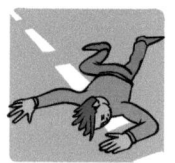

i pandërgjegjshëm
be sąmonės

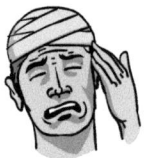

dhimbje
skausmas

dëmtim

sužalojimas

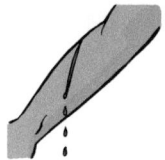

gjakosje

kraujavimas

infarkt

širdies smūgis

goditje

insultas

alergji

alergija

kolla

kosulys

ethe

karščiavimas

grip

gripas

diarre

viduriavimas

dhimbje koke

galvos skausmas

kancer

vėžys

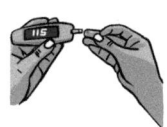

diabet

diabetas

kirurg

chirurgas

bisturi

skalpelis

operacion

operacija

CT (skaner)

KT

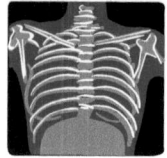

radiografi

rentgenas

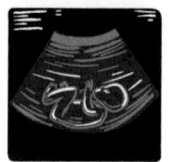

ultratingull

ultragarsas

maskë fytyre

veido kaukė

sëmundje

liga

dhomë pritjeje

laukiamasis

paterica

ramentas

leukoplast

gipsas

fasho

tvarstis

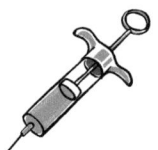

injeksion

injekcija

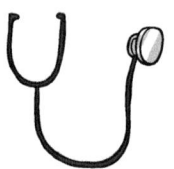

stetoskop

stetoskopas

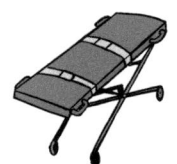

barelë

neštuvai

termometër

termometras

lindje

gimimas

mbipeshë

antsvoris

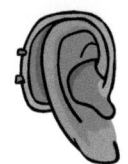

aparat dëgjimi

klausos aparatas

dezinfektant

dezinfekavimo priemonė

infeksion

infekcija

virus

virusas

HIV / AIDS

ŽIV / AIDS

mjekësi, mjekim

vaistas

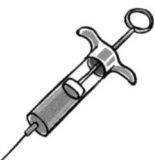

vaksinim

skiepijimas

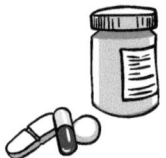

tableta

tabletės

pilulë

piliulė

telefonatë emergjence

skubios pagalbos numeris

aparat tensioni

kraujospūdžio matuoklis

i sëmurë / i shëndetshëm

ligotas / sveikas

Ndihmë!

Padëkite!

alarm

pavojaus signalas

sulm

užpuolimas

atak

ataka

rrezik

pavojus

dalje emergjence

avarinis išėjimas

Zjarr!

Gaisras!

fikëse zjarri

gesintuvas

aksident

nelaimingas atsitikimas

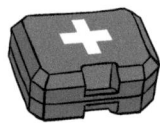

kuti e ndimës së shpejtë

pirmosios pagalbos rinkinys

SOS

SOS

policia

policija

Europa

Europa

Amerika e Veriut

Šiaurės Amerika

Amerika e Jugut

Pietų Amerika

Afrika

Afrika

Azia

Azija

Australia

Australija

Atlantiku

Atlanto vandenynas

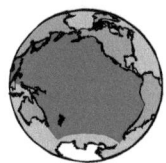

Paqësori

Ramusis vandenynas

Oqeani Indian

Indijos vandenynas

Oqeani Antarktik

Pietų vandenynas

Oqeani Arktik

Arkties vandenynas

Poli i veriut

Šiaurės ašigalis

Poli i Jugut

Pietų ašigalis

Antarktida

Antarktida

toka

Žemė

tokë

sausuma

det

jūra

ishull

sala

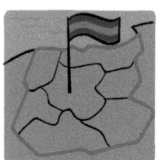

komb

tauta

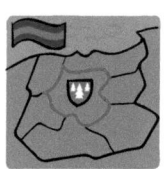

shtet

valstybė

fusha e orës

ciferblatas

akrepi i orës

valandinė rodyklė

akrepi i minutave

minutinė rodyklė

akrepi i sekondave

sekundinė rodyklė

Sa është ora?

Kiek valandų?

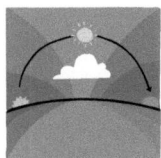

ditë

diena

kohë

laikas

tani

dabar

orë dixhitale

skaitmeninis laikrodis

minutë

minutė

orë

valanda

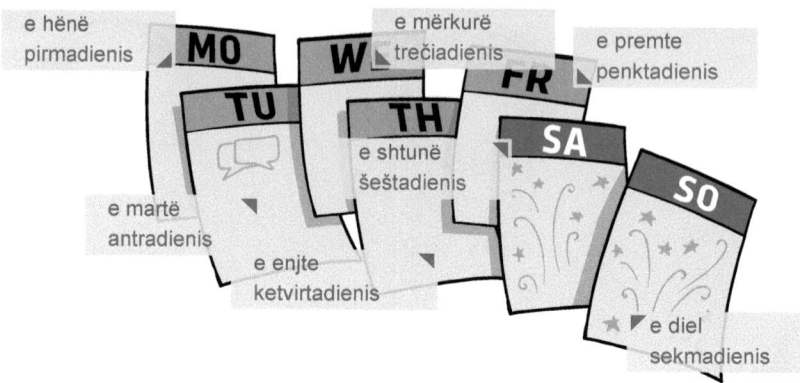

e hënë pirmadienis — MO
e mërkurë trečiadienis — W
e premte penktadienis — FR
e martë antradienis — TU
e shtunë šeštadienis — TH
e premte penktadienis — FR
e shtunë šeštadienis — SA
e enjte ketvirtadienis
e diel sekmadienis — SO

dje
vakar

sot
šiandien

nesër
rytoj

mëngjes
rytas

mesditë
vidurdienis

mbrëmje
vakaras

MO	TU	WE	TH	FR	SA	SU
1	2	3	4	5	6	7
8	9	10	11	12	13	14
15	16	17	18	19	20	21
22	23	24	25	26	27	28
29	30	31	1	2	3	4

ditë pune
darbo dienos

MO	TU	WE	TH	FR	SA	SU
1	2	3	4	5	6	7
8	9	10	11	12	13	14
15	16	17	18	19	20	21
22	23	24	25	26	27	28
29	30	31	1	2	3	4

fundjavë
savaitgalis

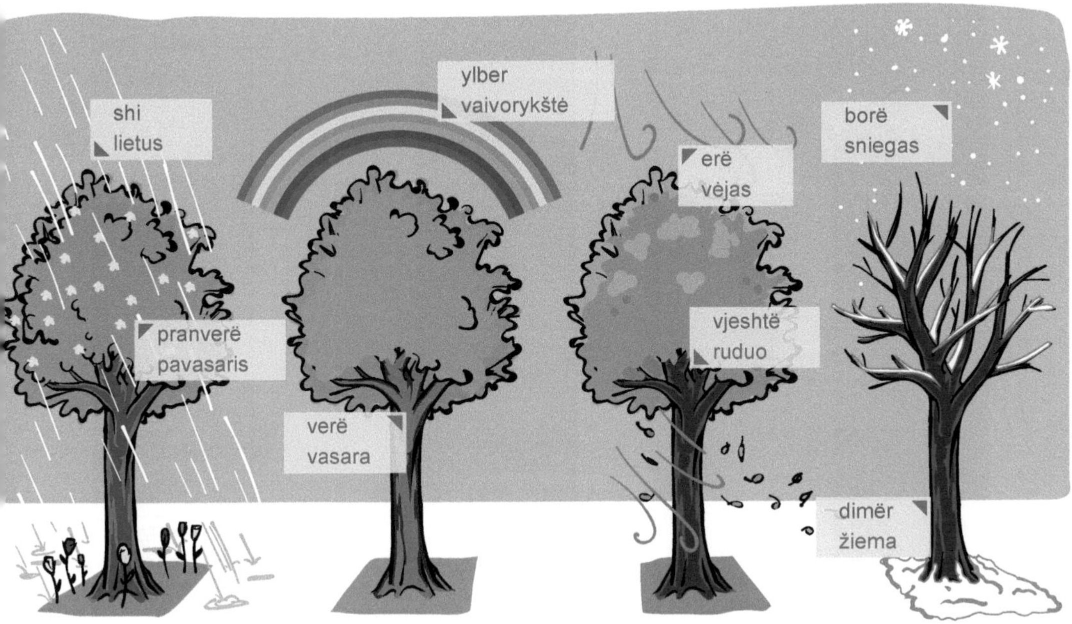

shi
lietus
ylber
vaivorykštė
erë
vėjas
borë
sniegas
pranverë
pavasaris
verë
vasara
vjeshtë
ruduo
dimër
žiema

4.APRIL 11°
5.APRIL 4°
6.APRIL 13°
7.APRIL 8°
8.APRIL 10°

parashikimi i motit

orų prognozė

F C
120 40
90 30
60 20
30 10
0 0
-30 -10
-20

termometër

lauko termometras

ndriçim dielli

saulės šviesa

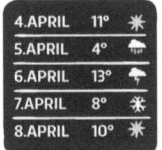

re

debesis

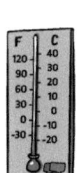

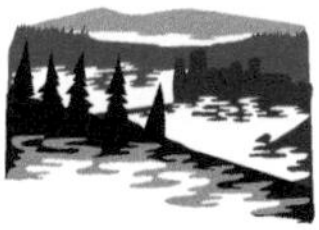

mjegull

rūkas

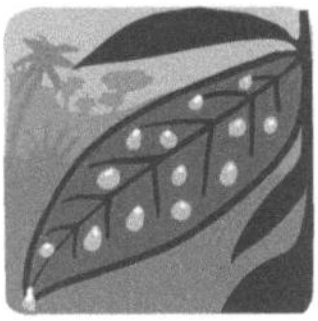

lagështi

drėgmė

vetëtima

žaibas

gjëmim

griaustinis

stuhi

audra

breshër

kruša

muson

musonas

përmbytje

potvynis

akull

ledas

janar

sausis

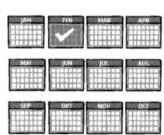

shkurt

vasaris

mars

kovas

prill

balandis

maj

gegužė

qershor

birželis

korrik

liepa

gusht

rugpjūtis

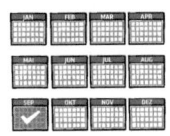

shtator
....
rugsėjis

tetor
....
spalis

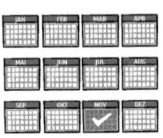

nëntor
....
lapkritis

dhjetor
....
gruodis

rreth
....
apskritimas

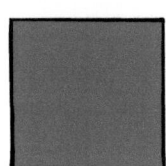

katror
....
kvadratas

drejtkëndësh
....
stačiakampis

trekëndësh
....
trikampis

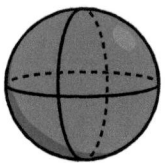

sferë
....
sfera

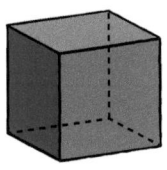

kub
....
kubas

e bardhë

balta

e verdhë

geltona

portokalli

oranžinė

rozë

rožinė

e kuqe

raudona

vjollcë

violetinė

blu

mėlyna

e gjelbër

žalia

kafe

ruda

gri

pilka

e zezë

juoda

shumë / pak

daug / mažai

i nevrikosur / i qetë

piktas / ramus

i bukur / i shëmtuar

gražus / bjaurus

fillim / fund

pradžia / pabaiga

i madh / i vogël

didelis / mažas

i ndritshëm / i errët

šviesus / tamsus

vëlla / motër

brolis / sesuo

e pastër / e pistë

švarus / purvinas

e plotë / jo e plotë

užbaigtas / neužbaigtas

ditë / natë

diena / naktis

gjallë / vdekur

miręs / gyvas

i gjerë / i ngushtë

platus / siauras

i ngrënshëm / i pangrënshëm
valgomas / nevalgomas

i keq / i këndshëm
....
piktas / malonus

i lumtur / i mërzitur
....
linksmas / nuobodus

i shëndoshë / i dobët
....
storas / plonas

e para / e fundit
....
pirmiausia / paskiausia

mik / armik
....
draugas / priešas

plot / bosh
....
pilnas / tuščias

e fortë / e butë
....
kietas / minkštas

e rëndë / e lehtë
....
sunkus / lengvas

uri / etje
....
alkis / troškulys

i sëmurë / i shëndetshëm
....
ligotas / sveikas

e paligjshme / e ligjshme
....
nelegalus / legalus

i zgjuar / budalla
....
protingas / kvailas

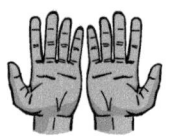

majtas / djathtas
....
kairė / dešinė

afër / larg
....
arti / toli

e re / e përdorur

naujas / naudotas

asgjë / diçka

niekas / kažkas

i moshuar / i ri

senas / jaunas

ndezur / fikur

jjungta / išjungta

hapur / mbyllur

atidaryta / uždaryta

i qetë / i zhurmshëm

tylus / garsus

i pasur / i varfër

turtingas / vargšas

e drejtë / e gabuar

teisus / neteisus

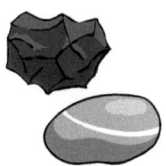

i ashpër / i butë

šiurkštus / švelnus

i mërzitur / i lumtur

liūdnas / laimingas

i shkurtër / i gjatë

trumpas / ilgas

ngadalë / shpejt

lėtas / greitas

i lagësht / i thatë

drėgnas / sausas

ngrohtë / freskët

šiltas / šaltas

luftë / paqe

karas / taika

0

zero

nulis

1

një

vienas

2

dy

du

3

tre

trys

4

katër

keturi

5

pesë

penki

6

gjashtë

šeši

7

shtatë

septyni

8

tetë

aštuoni

9

nentë

devyni

10

dhjetë

dešimt

11

njëmbëdhjetë

vienuolika

12

dymbëdhjetë

dvylika

13

trembëdhjetë

trylika

14

katërmbëdhjetë

keturiolika

15

pesëmbëdhjetë

penkiolika

16

gjashtëmbëdhjetë

šešiolika

17

shtatëmbëdhjetë

septyniolika

18

tetëmbëdhjetë

aštuoniolika

19

nentëmbëdhjetë

devyniolika

20

njëzetë

dvidešimt

100

qind

šimtas

1.000

mijë

tūkstantis

1.000.000

milion

milijonas

anglisht

anglų

anglishte amerikane

amerikiečių anglų

kinezisht mandarin

kinų (mandarinų)

hindi

hindi

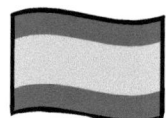

spanjisht

ispanų

frëngjisht

prancūzų

arabisht

arabų

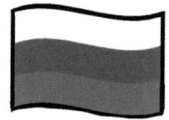

rusisht

rusų

portugalisht

portugalų

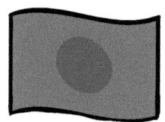

bengalisht

bengalų

gjermanisht

vokiečių

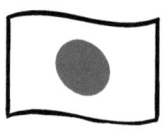

japonisht

japonų

unë
aš

ti
tu

ai / ajo
jis / ji

ne
mes

ju
jūs

ata
jie

kush?
kas?

çfarë?
ką?

si?
kaip?

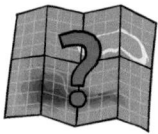

ku?
kur?

kur?
kada?

emër
vardas

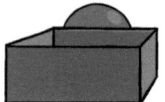

pas
....
už

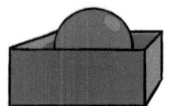

në
....
kur (vieta)

përballë
....
priešais

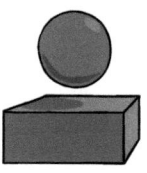

sipër
....
virš

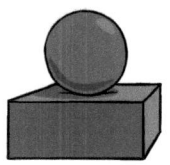

mbi
....
ant

poshtë
....
po

pranë
....
prie

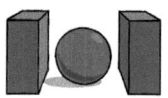

midis
....
tarp

vend
....
vieta